Добраніч, мій люб

Goodnight, My Love!

Шеллі Адмонт
Ілюстрації: Самір Бумсік

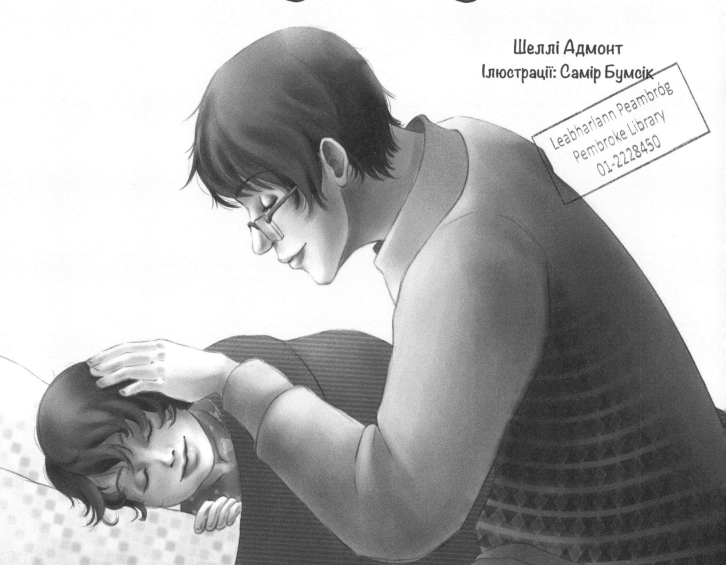

www.kidkiddos.com
Copyright©2015 by S.A.Publishing ©2017 by KidKiddos Books Ltd.
support@kidkiddos.com

First edition, 2019

Edited by Martha Robert
Translated from English by Natalia Demers
Переклад з англійської: Наталія Демерс
Ukrainian editing by Marina Boot
Редагування українською мовою Марини Бут

Library and Archives Canada Cataloguing in Publication
Goodnight, My Love! (Ukrainian English Bilingual Edition)/ Shelley Admont
ISBN: 978-1-5259-1931-2 paperback
ISBN: 978-1-5259-1932-9 hardcover
ISBN: 978-1-5259-1930-5 eBook

Please note that the Ukrainian and English versions of the story have been written to be as close as possible. However, in some cases they differ in order to accommodate nuances and fluidity of each language.

KidKiddos Books

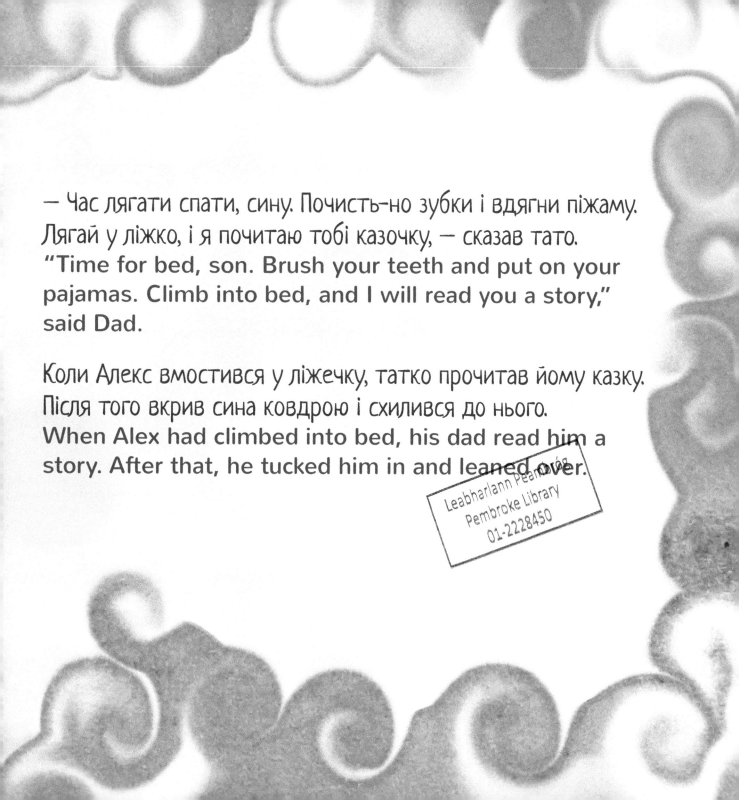

— Час лягати спати, сину. Почисть-но зубки і вдягни піжаму. Лягай у ліжко, і я почитаю тобі казочку, — сказав тато.
"Time for bed, son. Brush your teeth and put on your pajamas. Climb into bed, and I will read you a story," said Dad.

Коли Алекс вмостився у ліжечку, татко прочитав йому казку. Після того вкрив сина ковдрою і схилився до нього.
When Alex had climbed into bed, his dad read him a story. After that, he tucked him in and leaned over.

— Добраніч, синку. Добраніч, рідненький. Я тебе люблю, — мовив він.

"Goodnight, son. Goodnight, dear. I love you," he said.

— Я також тебе люблю, татусю, але зараз я не можу заснути, — відказав Алекс.
"I love you too, Daddy, but I can't sleep right now," said Alex.

— Чому, синку? Що трапилося? — запитав тато.
"Why, son? What's wrong?" asked Dad.

— Спершу мені треба попити водички, — відповів Алекс.
"I need a drink of water first," Alex answered.

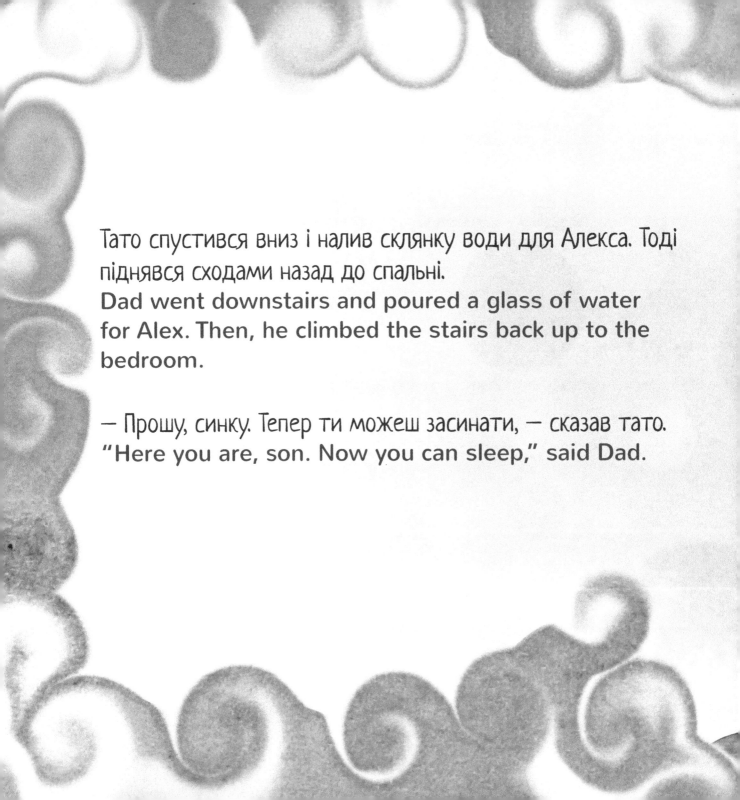

Тато спустився вниз і налив склянку води для Алекса. Тоді піднявся сходами назад до спальні.

Dad went downstairs and poured a glass of water for Alex. Then, he climbed the stairs back up to the bedroom.

— Прошу, синку. Тепер ти можеш засинати, — сказав тато.

"Here you are, son. Now you can sleep," said Dad.

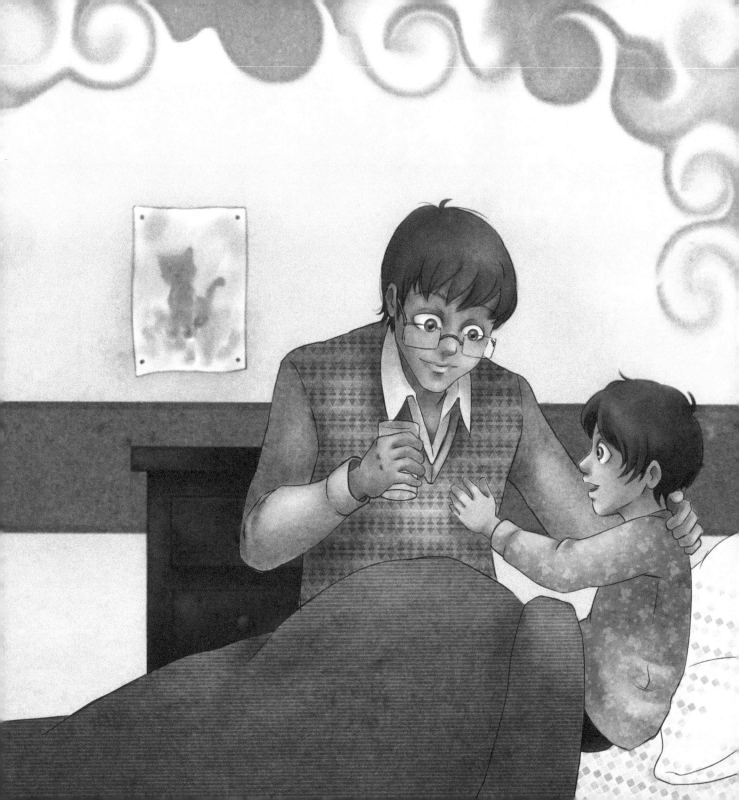

Алекс випив склянку води і знову ліг. Тато вкрив його ковдрою і схилився до нього.
Alex drank the glass of water and lay back down. His dad tucked him in and leaned over.

— Добраніч, синку. Добраніч, рідненький. Я тебе люблю, — промовив він.

"Goodnight, son. Goodnight, dear. I love you," he said.

— Я також тебе люблю, татусю, але зараз я не можу заснути.

"I love you too, Daddy, but I can't sleep right now."

— Чому, синку? Що сталося? — спитав тато.

"Why, son? What's wrong?" asked Dad.

— Мені потрібен мій плюшевий ведмедик, — пояснив Алекс.

"I need my teddy bear," answered Alex.

Татко пройшов через кімнату і взяв блакитного плюшевого ведмедика.
Dad walked across the room and picked up a blue teddy bear.

Він повернувся назад і подав його Алексу.
He brought it back and gave it to Alex.

— Ні, не цей, татку. Мені потрібен сірий плюшевий ведмедик, — сказав Алекс.

"Not this one, Daddy. I need the grey teddy bear," said Alex.

Тато засміявся. Він спустився вниз і взяв з канапи сірого плюшевого ведмедика. Потім знову піднявся сходами до синової кімнати.

Dad laughed. He went downstairs to get a grey teddy bear from the couch. Then, he climbed the stairs back up to his son's room again.

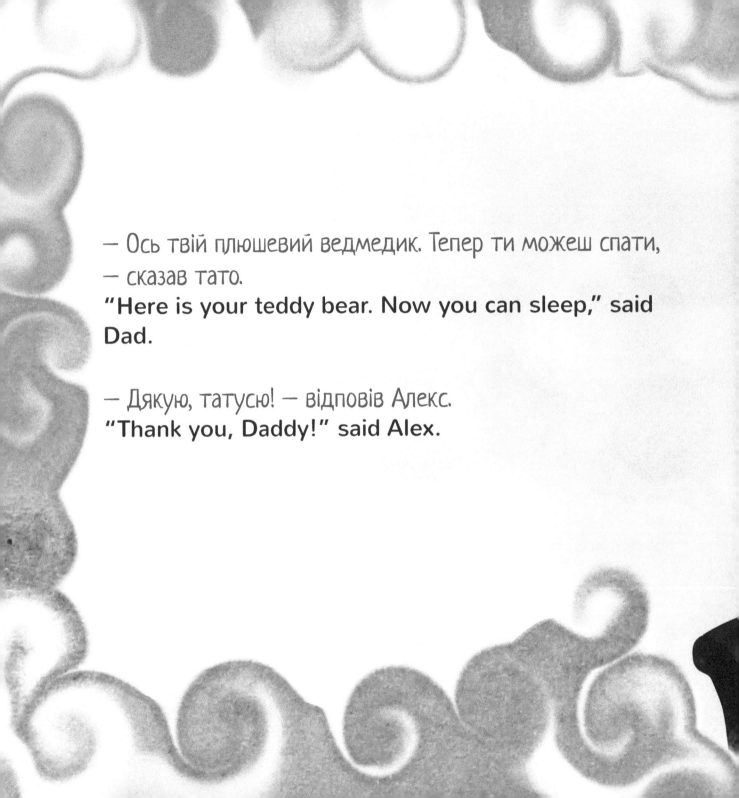

— Ось твій плюшевий ведмедик. Тепер ти можеш спати,
— сказав тато.
**"Here is your teddy bear. Now you can sleep," said
Dad.**

— Дякую, татусю! — відповів Алекс.
"Thank you, Daddy!" said Alex.

Тато накрив ковдрою сина з ведмедиком і схилився до нього.

Dad tucked in his son and the teddy bear and leaned over.

— Добраніч, синку. Добраніч, рідненький. Я тебе люблю, — сказав він.

"Goodnight, son. Goodnight, dear. I love you," he said.

— І я тебе люблю, татусю, але я ще не можу спати, — знову мовив Алекс.

"I love you too, Daddy, but I still can't sleep yet," said Alex again.

— Чому, синку? Щось не так? — запитав тато.

"Why, son? What's wrong?" asked Dad.

— Ну, я не знаю, про що буде мій сон, — відказав Алекс.

"Well, I don't know what to dream about,"
answered Alex.

— Гммм, це ж дуже важливо, чи не так? — озвався тато. Алекс кивнув.

"Hmmm, that's very important, isn't it?" said Dad. Alex nodded.

— Тоді чому б нам разом не спланувати твій сон? — спитав тато.

"Then, why don't we plan your dream together?" asked Dad.

— Це чудова ідея, татусю!

"That's a good idea, Daddy!"

— Якби ти міг бути ким завгодно, Алексе, ким би ти був?
"If you could be anything at all, Alex, what would you be?"

— Я був би пташкою,
і літав би у повітрі,
— відповів Алекс.
**"I'd be a bird and float
on the breeze,"
answered Alex.**

— Який чудовий сон, синочку! — мовив тато.
"What a beautiful dream, son!" said Dad.

— Але що ж станеться далі? — спитав Алекс.
"But, what will happen next?" asked Alex.

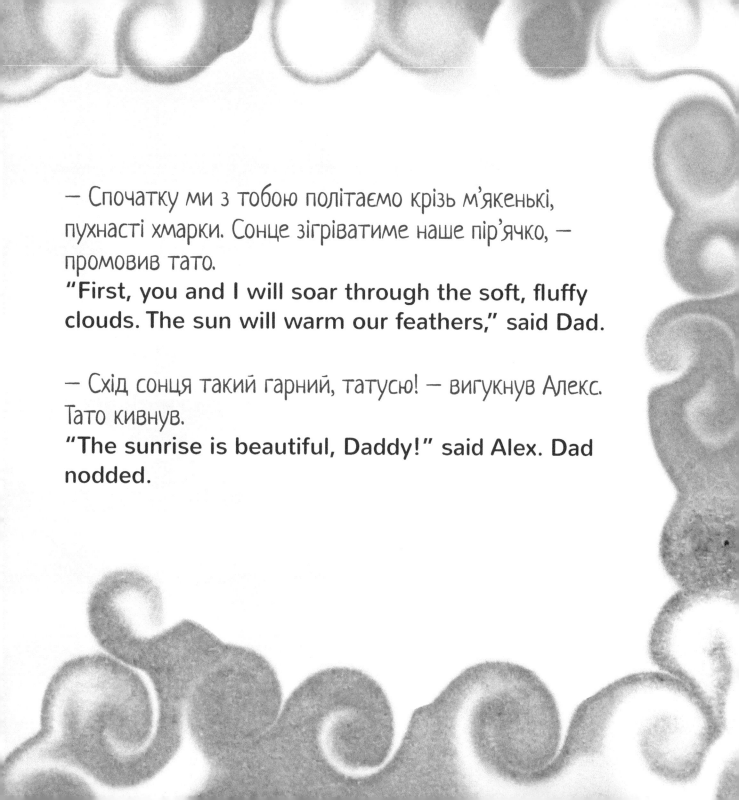

— Спочатку ми з тобою політаємо крізь м'якенькі, пухнасті хмарки. Сонце зігріватиме наше пір'ячко, — промовив тато.

"First, you and I will soar through the soft, fluffy clouds. The sun will warm our feathers," said Dad.

— Схід сонця такий гарний, татусю! — вигукнув Алекс. Тато кивнув.

"The sunrise is beautiful, Daddy!" said Alex. Dad nodded.

— Далі ми полинемо понад холодними сірими горами, повз тихий ліс, — оповідав тато.

"Next, we will glide over the cool, gray mountains and past the quiet forest," said Dad.

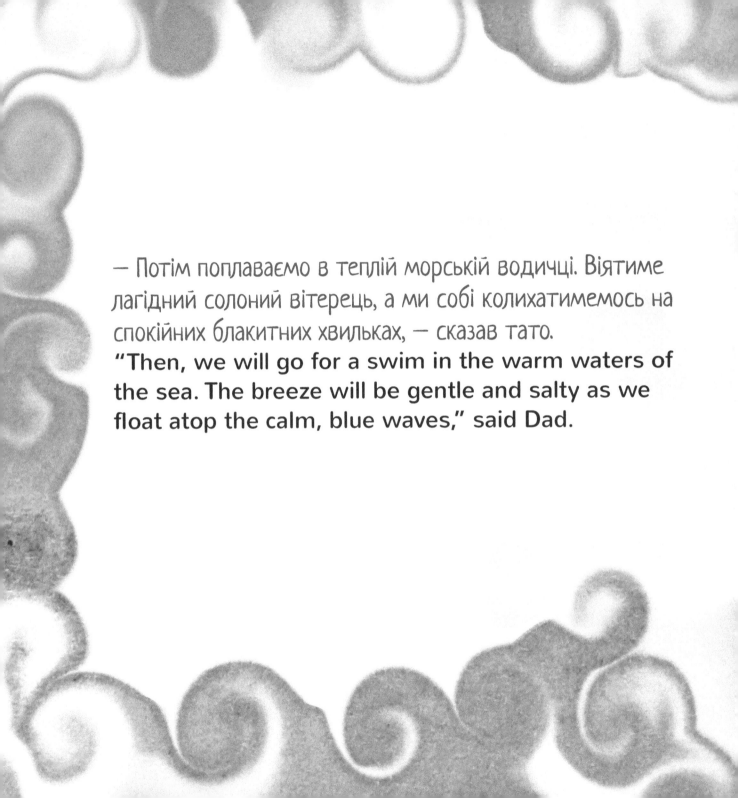

— Потім поплаваємо в теплій морській водичці. Віятиме
лагідний солоний вітерець, а ми собі колихатимемось на
спокійних блакитних хвильках, — сказав тато.
**"Then, we will go for a swim in the warm waters of
the sea. The breeze will be gentle and salty as we
float atop the calm, blue waves," said Dad.**

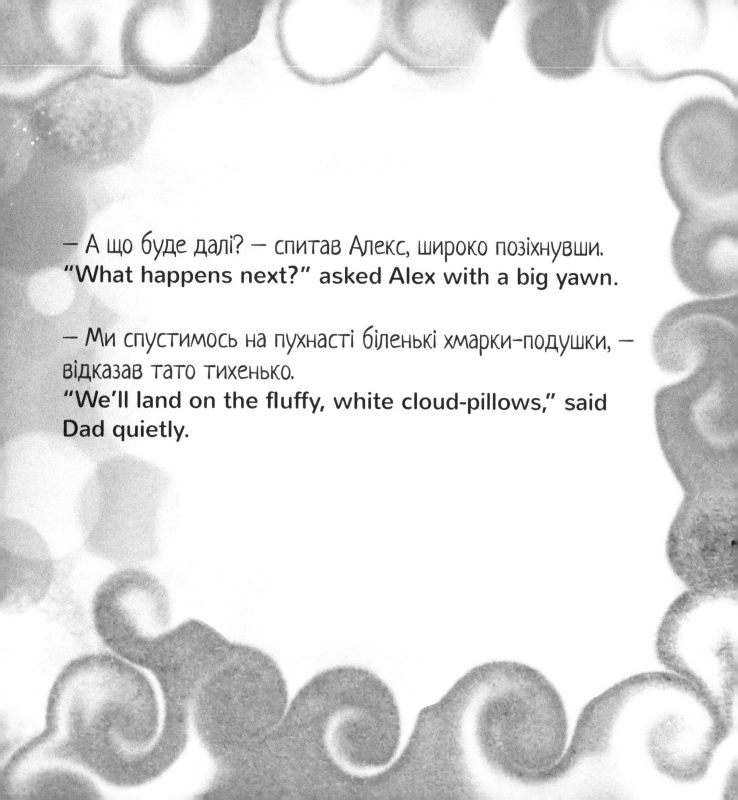

— А що буде далі? — спитав Алекс, широко позіхнувши.
"What happens next?" asked Alex with a big yawn.

— Ми спустимось на пухнасті біленькі хмарки-подушки, — відказав тато тихенько.
"We'll land on the fluffy, white cloud-pillows," said Dad quietly.

Тато поглянув на Алекса, який уже спав, і схилився над ним.

Dad looked at Alex sleeping and leaned over.

— Добраніч, синку. Добраніч, рідненький. Я тебе люблю, — промовив тато. Потім поцілував сина в чоло. — Я завжди любитиму тебе. На добраніч!

"Goodnight, son. Goodnight, dear. I love you," said Dad. Then, he gave his son a kiss on his forehead. "I will always love you. Goodnight!"